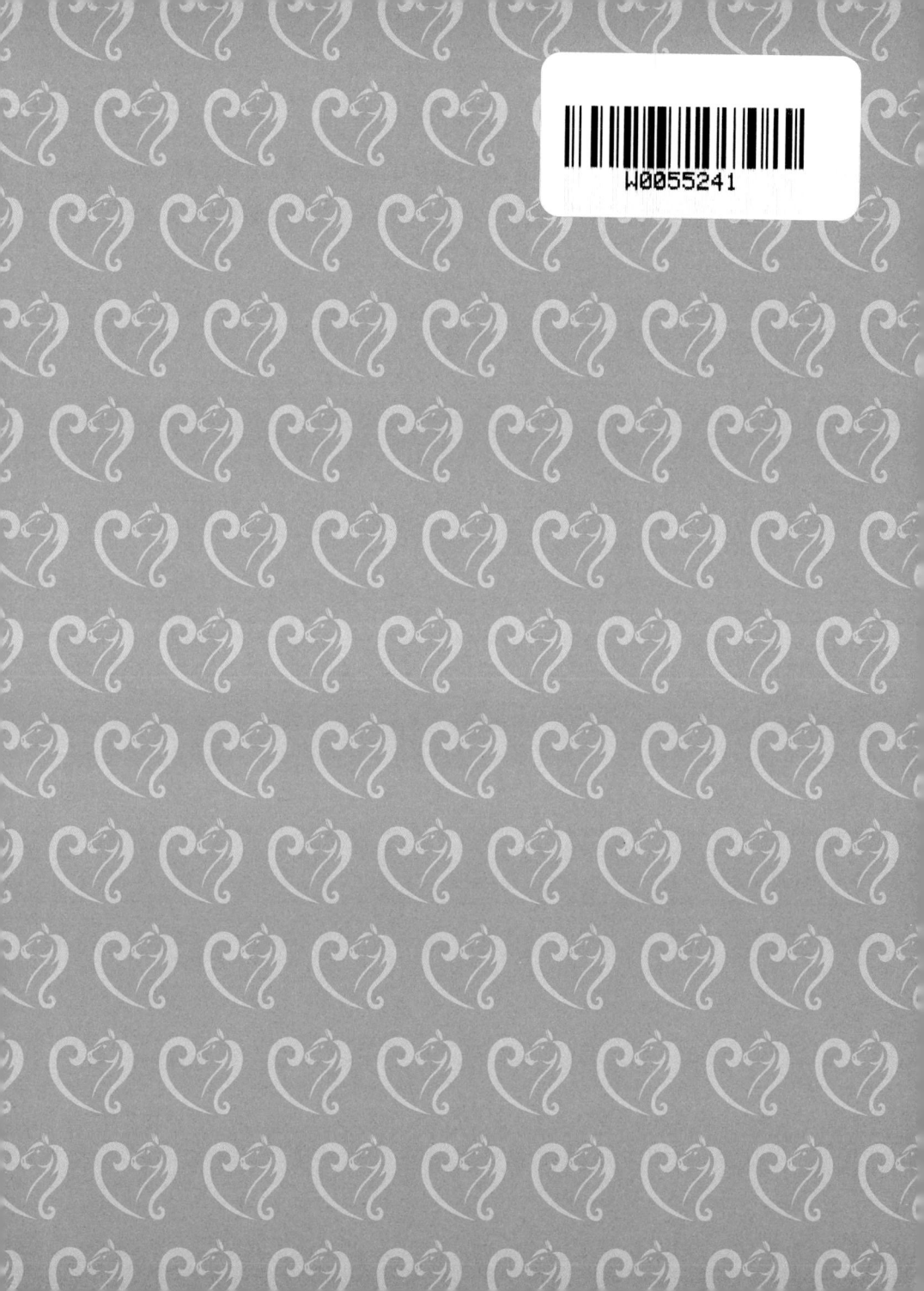

# Lesen lernen mit Pferdegeschichten

## Wendy

## Rettung in letzter Sekunde

Schwager & Steinlein

# Rettung in letzter Sekunde

„Es kann losgehen!" Der Transporter von Gestüt Rosenborg setzt sich in Bewegung.

Wendy und ihre Freunde sind sehr aufgeregt. Sie fahren zu einem großen Springturnier.

Wendy, Jerry und Christian haben hart für das Turnier trainiert. Aber nur einer von ihnen kann gewinnen!

Auf dem Turnierplatz führen die Freunde
ihre Pferde aus dem Transporter.

„Wir müssen unbedingt die Besten sein",
sagt Wendy zu ihrer Stute Penny.
„Der Sieger kommt in die Auswahl für die
Olympischen Spiele!"

**Olympische Spiele:** Bei den
Olympischen Spielen treten Sportler
aus aller Welt gegeneinander an.

 Aber was ist nur mit Bajan los? Jerrys Pferd verhält sich ganz anders als sonst. Der Braune ist unruhig und schlägt mit dem Kopf.

„Mit Bajan stimmt etwas nicht", stellt Wendy fest. „Weshalb ist er so nervös? So habe ich Bajan noch nie erlebt."

Jerry zuckt mit den Schultern. „Vielleicht ist er nur aufgeregt", sagt er.

Wendy tastet Bajan am ganzen Körper ab.

Nichts deutet auf eine Verletzung hin.
Warum ist der Braune nur so angespannt?

„Ganz ruhig, mein Guter", sagt Jerry und
streichelt sein Pferd. Aber Bajan wirft immer
wieder den Kopf hoch und wiehert laut.

Nun werden die ersten Reiter an den Start
gerufen. Die Spannung steigt!

Zuerst starten einige Reiter und Reiterinnen aus anderen Ställen. Dann ist Christian an der Reihe.

Er reitet mit seinem Pferd Sultan in den Parcours ein. Die beiden geben ihr Bestes. Sultan springt kraftvoll über die Hindernisse. Keine einzige Stange fällt zu Boden.

Bald galoppiert Sultan über die Ziellinie. Christian strahlt übers ganze Gesicht.

„Null Fehler in einer Zeit von zwei Minuten und achtzehn Sekunden!", schallt es aus den Lautsprechern. „Damit liegen Christian und Sultan vom Gestüt Rosenborg ganz vorne!"

**Parcours:** Ein Parcours besteht aus verschiedenen Hindernissen. Die Pferde müssen darüberspringen.

Nun geht Wendy an den Start. Ihre Stute
Penny fliegt fast über die Hürden. Sie berührt
kein einziges Hindernis. Schon erreichen
Wendy und Penny das Ziel.

Die Zuschauer klatschen Beifall.

Der Ansager ruft: „Das war ein fehlerfreier
Ritt in zwei Minuten und sechzehn Sekunden!
Wendy liegt vor Christian!"

Doch Wendy kann sich nicht richtig freuen.
Sie macht sich große Sorgen um Bajan.
Jetzt ist Jerry an der Reihe. Er steuert Bajan
sicher durch den Parcours. Aber Jerrys Pferd
bewegt sich anders als sonst.

Auch Jerry schafft einen Ritt ohne Fehler.
Die Stoppuhr zeigt zwei Minuten und
sechzehn Sekunden an – genau wie
bei Wendy!

Jerry reitet zu Wendy hinüber. „Ist das nicht großartig?", ruft er. „Wir liegen gemeinsam auf dem ersten Platz!"

Nun starten noch einige Reiterinnen und Reiter aus anderen Ställen. Aber keiner davon bleibt ohne Fehler.

„Jippie!", jubelt Jerry. „Hey, Wendy – wir beide sind im Stechen!"

Doch Wendy denkt die ganze Zeit nur an Bajan. „Bitte lass Bajan vor dem Stechen untersuchen", sagt sie zu Jerry. „Du darfst ihn nicht springen lassen, wenn ihm etwas fehlt."

Jerry weiß nicht, was er davon halten soll.

**Stechen:** Beim Stechen treten nur die besten Teilnehmer gegeneinander an. Dabei wird der Sieger ermittelt.

„Willst du etwa, dass ich nicht weiterreite?",
fragt Jerry. „Dann hättest du gewonnen.
Aber ich schenke dir den Sieg nicht!"

Wendy ruft: „Mir geht es überhaupt nicht ums
Gewinnen! Bitte glaub mir, Jerry! Ich möchte
nur sicher sein, dass Bajan fit ist!"

In diesem Augenblick wird Jerry an den
Start gerufen. Das Stechen beginnt!

Er lässt Wendy einfach stehen und reitet
in den Parcours.

Doch was ist das? Während Jerry auf
das Startzeichen wartet, entlastet Bajan
ein Hinterbein! Immer wieder hebt er
den linken Hinterhuf hoch.

„Halt, Jerry!", ruft Wendy.

Da galoppiert Bajan schon los. Jerry steuert
mit ihm auf das erste Hindernis zu.

13

Wendy zögert keine Sekunde. Sie läuft mitten durch den Parcours. Bajan darf nicht springen! Mit ausgebreiteten Armen stellt sie sich vor das erste Hindernis.

Jerry kann gerade noch anhalten.

„Sag mal, spinnst du?", schimpft er.
„Du verhältst dich total unfair!"

Da zieht Wendy ihre Startnummer aus der
Tasche und zerreißt sie. „Ich nehme nicht
mehr am Turnier teil", sagt sie. „Du hast
gewonnen, Jerry! Aber bitte lass Bajan
endlich untersuchen."

Jerry zögert. Dann zieht auch er seine Teil-
nahme an dem Turnier zurück. Er schwingt
sich aus dem Sattel und ruft die Tierärztin.

Kurz darauf macht die Tierärztin Röntgenbilder von Bajans Beinen. Auf dem Bildschirm
zeigt sie Jerry, was mit seinem Pferd los ist.
Bajan hat einen Riss im Knochen!

**Röntgenbilder:** Auf Röntgenbildern
kann man die Knochen sehen.
Es gibt auch tragbare Röntgengeräte.

Jerry macht sich große Sorgen. „Wird Bajan denn wieder gesund?", fragt er.

„Aber ja", sagt die Ärztin. „Er braucht nur eine Pause. Zum Glück bist du heute nicht weitergesprungen. Dabei wäre der Knochen vielleicht ganz durchgebrochen."

Jerry läuft schnell zu Wendy. „Vielen Dank!", ruft er. „Du hast Bajan das Leben gerettet!"

Wendy ist sehr froh. „Hauptsache, Bajan wird wieder gesund", sagt sie.

Nun findet die Siegerehrung statt. Christian gewinnt das Turnier, weil Jerry und Wendy auf das Stechen verzichtet haben.

„Juhu, ich darf für die Olympischen Spiele trainieren!", jubelt Christian.

Auf Rosenborg wartet Wendys Vater mit einer guten Nachricht.

„Ihr habt euch sportlich und fair verhalten", sagt Herr Thorsteeg zu Wendy und Jerry. „Deshalb bekommt ihr noch eine zweite Chance für die Olympischen Spiele. Wenn Bajan wieder fit ist, dürft ihr noch einmal vorreiten."

Die beiden strahlen. Beim nächsten Mal haben sie bestimmt mehr Glück!

# Überleg mal!

**1. Welche Farbe hat Bajan?**

D: Er ist ein Brauner.
G: Er ist ein Rappe.
F: Er ist ein Fuchs.

**2. Wie heißt Wendys Springpferd?**

E: Jenny
H: Fanny
I: Penny

**3. Was hebt Bajan immer wieder hoch?**

W: den linken Vorderhuf
X: den linken Hinterhuf
Z: den Schweif

4. Weshalb möchte Wendy,
   dass Bajan untersucht wird?

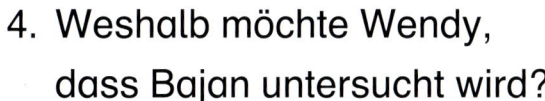

   A: Damit sie das Turnier gewinnt.
   E: Damit Jerry nicht herunterfällt.
   I: Damit Bajan keine Schmerzen hat.

5. Wer gewinnt das Turnier?

   A: Wendy
   E: Christian
   I: Jerry

Trage die Lösungsbuchstaben hier ein.
Dann erfährst du, welches Pferd im nächsten
Kapitel eine wichtige Rolle spielt.

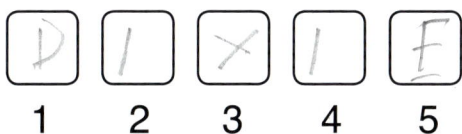

| D | I | X | I | E |
|---|---|---|---|---|
| 1 | 2 | 3 | 4 | 5 |

# Die Westernreit-Show

„Wendy, wo steckst du denn?", ruft Herr Thorsteeg. „Ich habe dir etwas mitgebracht!"

Wendy ist im Pferdestall. Sie bürstet gerade ihre Pintostute Dixie.

„Hier bist du also!" Herr Thorsteeg gibt seiner Tochter ein neues Zaumzeug. „Schau mal – das schenke ich dir."

„Oh, ein neues Zaumzeug!" Wendy strahlt. „Vielen Dank, Paps!" Sie legt Dixie das Zaumzeug an. Es passt genau.

In einigen Tagen findet auf Rosenborg eine große Westernreit-Show statt. Dafür üben Wendy und Dixie fleißig.

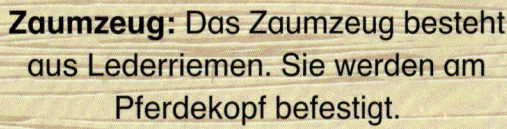

**Zaumzeug:** Das Zaumzeug besteht aus Lederriemen. Sie werden am Pferdekopf befestigt.

23

Plötzlich rollt ein großer Wagen mit einem
Pferdeanhänger auf den Hof. Eine junge
Frau steigt aus. Sie führt ihr Pferd aus dem
Anhänger.

Wendy traut ihren Augen kaum: Das ist ja
Dakota Montana mit ihrem Pferd Champion!
Schnell springt Wendy aus dem Sattel.

Dakota ist eine bekannte Westernreiterin.
Wendy bewundert sie sehr.

„Hallo, Dakota!", ruft sie. „Willst du an
unserer Westernreit-Show teilnehmen?"

„Na klar", sagt Dakota. „Deshalb bin ich hier."

Die Freunde zeigen Dakota den Stall.
Alle wollen ihr helfen. Aber Dakota hat
nur Augen für Jerry.

„Wenn du willst, gebe ich dir Unterricht in Bodenarbeit", sagt sie zu Jerry. „Du kannst mit meinem Champion üben."

„Kann ich auch mitmachen?", fragt Wendy. „Du hast bestimmt jede Menge gute Tipps für mich, Dakota."

Aber Dakota schüttelt den Kopf. „Tut mir leid. Ich gebe immer nur Einzelunterricht."

So geht es in den nächsten Tagen weiter. Dakota kümmert sich nur um Jerry. Sie lässt Wendy links liegen.

Wendy ist enttäuscht. Sie hat sich so über Dakotas Besuch gefreut! Nun hat sie gar nichts davon. Aber sie lässt sich ihre Enttäuschung nicht anmerken.

**Bodenarbeit:** Bei der Bodenarbeit setzt der Mensch seine Körpersprache ein, um das Pferd zu lenken.

Am Nachmittag geht Wendy mit ihrer Freundin Bianca ins Café. Da kommt Dakota dazu.

„Sag mal, Wendy", meint Dakota. „Bist du eigentlich mit Jerry zusammen?"

„Nein", sagt Wendy. „Wir sind nur Freunde. Ich habe oft wenig Zeit. Aber morgen wollen wir mal wieder ausreiten. Komm doch mit!"

„Au ja, gerne!", ruft Dakota.

Am nächsten Tag erscheint Wendy pünktlich im Stall. Doch was ist das? Dakota und Jerry sind einfach schon losgeritten!

Wendy versteht das nicht. Sie übt mit Dixie auf dem Reitplatz. Aber sie ist nicht ganz bei der Sache.

Bald kommen die beiden zurück. Dakota ruft: „Schade, dass du keine Zeit hattest, Wendy!"

„Aber ich hatte doch Zeit!", erwidert Wendy.

„Oh, wie schade!", sagt Dakota. „Da habe ich dich wohl falsch verstanden. Wie kann ich das wieder gutmachen?"

Jerry meint: „Gib Wendy doch ein bisschen Western-Unterricht! Das freut sie bestimmt."

Gesagt, getan: Dakota zeigt Wendy, wie sie sich besser mit Dixie verständigen kann.

Da saust plötzlich der kleine Hund Benny
über den Reitplatz. Er kommt genau auf
Dixie zu. Die Stute erschrickt und steigt.

Dakota ruft: „Also wirklich, Wendy!
Man sieht, dass du dein Pferd nicht gut
unter Kontrolle hast!"

„Ich zeige dir, wie man es richtig macht!",
sagt Dakota. Sie wendet ihr Pferd und lässt
es blitzschnell hin und her springen. Dabei
drängt sie Benny vom Reitplatz.

„So geht das!", ruft Dakota. Sie lächelt
Wendy von oben herab an. „Willst du
morgen bei der Westernreit-Show gegen
mich antreten?", fragt Dakota. „Wenn du
im Tonnenrennen gewinnst, bekommst du
meinen Turnier-Hut. Und wenn ich schneller
bin, gibst du mir dein schönes Zaumzeug."

Kurz entschlossen schlägt Wendy ein.
Im Tonnenrennen sind Wendy und Dixie
sehr gut. Aber ob es für einen Sieg gegen
Dakota reicht?

**Tonnenrennen:** Beim Tonnenrennen
müssen die Teilnehmer so schnell wie
möglich um drei Tonnen herumreiten.

Am nächsten Tag ist es so weit: Die Western-reit-Show beginnt. Viele Zuschauer kommen und feuern die Reiter an. Dakota zeigt mit ihrem Champion verschiedene Vorführungen.

Schließlich steht nur noch das Tonnenrennen auf dem Programm. Dakota wird zuerst an den Start gerufen. Rasend schnell galoppiert Champion um die Tonnen herum. Dakota strahlt, als sie über die Ziellinie reitet.

Jetzt ist Wendy an der Reihe. Dixie gibt ihr Bestes. Sie flitzt um die Tonnen und galoppiert flott ins Ziel. Aber es reicht nicht für den Sieg: Wendy und ihre Pintostute sind ein bisschen langsamer als Dakota und Champion.

Der Ansager ruft: „Das war knapp! Wendy Thorsteeg landet auf Platz zwei. Die Siegerin des Tonnenrennens ist Dakota Montana!"

Wendy schluckt. Sie bringt Dixie in den Stall.
Dann sucht sie Dakota.

„Hier", sagt Wendy und gibt Dakota das
Zaumzeug. „Du hast es gewonnen."

„Danke!" Dakota streicht mit der Hand über
die bunten Steinchen. „Ich bin sicher, dass
es Champion gut steht. Das Zaumzeug ist
wirklich wunderschön."

Das findet Wendy auch. Sie wirft dem
Zaumzeug noch einen letzten Blick zu.
Dann läuft sie schnell in Dixies Box.
Dort schlingt Wendy die Arme um
den Hals ihrer Stute.

„Ach, Dixie!", seufzt Wendy. „Wie soll ich
meinem Vater nur erklären, dass ich das
Zaumzeug nicht mehr habe? Er hat es mir
doch erst vor ein paar Tagen geschenkt!"

„Keine Sorge", sagt da jemand hinter ihr. „Du musst deinem Vater gar nichts erklären."

Wendy dreht sich um. Da steht Jerry und hält das Zaumzeug in den Händen!

„Ich habe etwas für dich", sagt Jerry. Er gibt Wendy das Zaumzeug. „Dakota hat es mir zurückgegeben. Dafür muss ich mit ihr ausgehen." Er verzieht das Gesicht.

Zögernd nimmt Wendy das Zaumzeug. „Danke, Jerry", sagt sie. „Gehst du denn nicht gerne mit Dakota aus?"

„Nicht so gerne wie mit dir", antwortet Jerry. „Ich habe mich nur mit Dakota verabredet, damit du dein Zaumzeug zurückbekommst."

Wendy ist sehr froh, dass sie das Zaumzeug wiederhat. Aber am meisten freut sie sich darüber, was Jerry gesagt hat!

# Überleg mal!

1. Wie heißt das Pferd von Dakota?

   O: Choker
   P: Champion
   R: Chango

---

2. Wer macht Wendy ein Geschenk?

 U     O    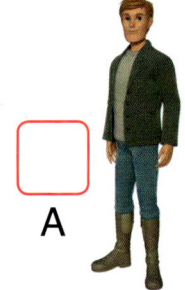 A

Bianca Krämer    Jerry Kellermann    Gunnar Thorsteeg

---

3. Wer erschreckt Dixie auf dem Reitplatz?

   I: ein Vogel
   K: eine Katze
   L: ein Hund

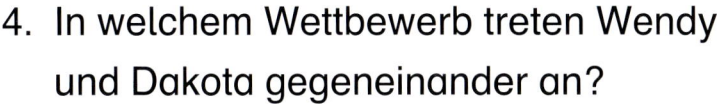

4. In welchem Wettbewerb treten Wendy
   und Dakota gegeneinander an?

   P: Slalom
   O: Tonnenrennen
   R: Trail

5. In welcher Gangart bewegen sich
   die Pferde dabei?

   Q: Schritt
   R: Trab
   S: Galopp

Trage die Lösungsbuchstaben hier ein.
Dann erfährst du, wie eine bekannte
Westernpferde-Rasse heißt.

A ⬜ P ⬜ ⬜ ⬜ O ⬜ A
  1       2  3  4     5

# Pferdeklau

Heute sind die Reiter von Gestüt Rosenborg gut in Form. Wendy gewinnt beim großen Springturnier. Ihr Freund Jerry landet auf dem zweiten Platz.

„Gut gemacht!" Wendy klopft Pennys Hals. „Du bist ein Spitzenpferd!"

Penny schnaubt zufrieden. Dann trabt sie mit Wendy zum Transporter hinüber. Dort wartet schon Jerry.

„Herzlichen Glückwunsch!", sagt er zu Wendy. „Du hast den ersten Platz wirklich verdient!"

„Danke schön!" Wendy freut sich sehr.

**Schnauben:** Beim Schnauben atmet das Pferd laut aus. Damit zeigt es, dass es zufrieden ist.

Nun steigt Wendy ab. Sie bindet ihr Pferd am Transporter fest und hebt den Sattel von Pennys Rücken.

Plötzlich taucht eine junge Frau auf. „Hallo", sagt sie. „Ich bin Ellie Breisgau vom Olemünder Abendblatt. Ich schreibe gerade eine Geschichte über junge Reiter. Dafür wüsste ich gerne mehr über euch und eure Pferde."

In diesem Augenblick hören die Freunde jemanden laut rufen. Was ist da geschehen? Wendy, Jerry und die Reporterin laufen los.

Evas Pferd ist verschwunden! Eva ist verzweifelt. „Mein Midas ist weg!", ruft sie.

Inspektor Krämer ist bereits zur Stelle. Er überprüft den ganzen Turnierplatz. Doch er kann Midas nicht finden.

Wendy bemerkt eine blonde Haarsträhne
an Evas Transporter. „Das ist ja seltsam",
sagt Wendy. „Midas ist doch ein Brauner.
Vielleicht hat der Dieb ja blonde Haare?"

Der Inspektor schaut sich die Haare an.
Von wem sie wohl stammen?

**Brauner:** So nennt man ein braunes
Pferd mit schwarzem Schweif und
schwarzer Mähne.

Die Reporterin stellt dem Inspektor viele Fragen. Doch er antwortet nur knapp.

„Es ist schon der dritte Pferdediebstahl in diesem Jahr", berichtet Herr Krämer. „Von dem Dieb fehlt bisher jede Spur."

Kurz darauf begegnet Wendy dem blonden Turniersprecher Bernd Hobel. Da kommt ihr ein Verdacht ...

Zum nächsten Turnier nimmt Wendy ihr Fernglas mit. „Bestimmt ist Bernd Hobel der Pferdedieb", sagt sie zu ihrer Freundin Bianca. „Ich werde ihn genau beobachten."

Doch Bianca hält nichts davon. Als Tochter von Inspektor Krämer weiß sie, dass die Polizei ihre Arbeit lieber selbst erledigt.

Auch die Reporterin ist wieder da. Sie sagt: „Kommt, ich lade euch ins Café ein!"

Aber Wendy muss bei den Pferden bleiben. Sie hat ihrem Vater fest versprochen, dass sie Penny und Bajan nicht alleine lässt.

„Wo ist denn Jerry?", fragt die Reporterin.

„Er sieht sich den Parcours an", sagt Wendy.

Die Reporterin schlendert davon.

Wendy will Bianca das Fernglas geben. „Sieh du dich mal nach Herrn Hobel um", sagt sie.

Doch Bianca denkt gar nicht daran.
„Das überlasse ich lieber der Polizei!",
ruft sie und läuft davon.

Also hält Wendy selbst Ausschau nach dem
Verdächtigen. Durch das Fernglas sieht sie,
wie Herr Hobel seinen Pferdehänger schließt.
Bestimmt hat er wieder ein Pferd gestohlen!

Wendy zögert keine Sekunde. Sie rennt
sofort zu Inspektor Krämer. Atemlos berichtet
sie von ihrem Verdacht.

Als Herr Hobel mit seinem Pferdehänger losfährt, erlebt er eine Überraschung.

Biancas Vater hält den Turniersprecher an. Aber in dem Pferdehänger steht nur ein Pony, das Herrn Hobel gehört.

So ein Mist! Wendy hat sich getäuscht! Schnell läuft sie zum Transporter von Gestüt Rosenborg zurück.

Dort warten Jerry und Bianca mit einer schlimmen Nachricht: Jerrys Pferd Bajan ist gestohlen worden!

„Wo warst du nur?", fragt Jerry. „Du solltest doch auf die Pferde aufpassen!"

Wendy ist verzweifelt. „Es tut mir so leid!", ruft sie. „Ich dachte wirklich, dass Bernd Hobel der Pferdedieb ist."

Wendy streicht mit der Hand über Pennys Fell. „Seltsam, dass der Dieb nicht auch Penny gestohlen hat", meint sie. „Ob er wohl keine Schimmel mag?"

Bianca ruft: „Hör doch endlich auf, Detektiv zu spielen!"

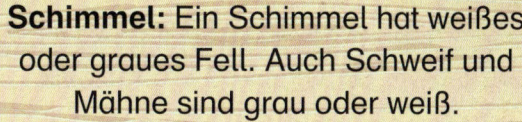

**Schimmel:** Ein Schimmel hat weißes oder graues Fell. Auch Schweif und Mähne sind grau oder weiß.

Am nächsten Tag fährt Wendy mit dem Fahrrad nach Olemünde. Vor dem Reitsport-laden trifft sie die Reporterin Ellie.

„Hallo, Ellie!", sagt Wendy überrascht. „Was machen Sie denn hier?"

Doch die Reporterin hat keine Zeit. „Ich muss schnell weiter!", ruft sie. „Wir sprechen uns ein anderes Mal!" Schon eilt sie davon.

Wendy geht in den Laden. Sie fragt den Verkäufer, was die Reporterin dort wollte.

„Sie hat eine Transport-Ausrüstung für Pferde gekauft", antwortet der Verkäufer.

Wendy horcht auf. Wofür braucht die Reporterin so eine Ausrüstung? Hat sie etwas mit dem Pferdediebstahl zu tun?

Eilig schwingt sich Wendy auf ihr Fahrrad. Sie fährt hinter Ellies Auto her.

Die Reporterin parkt vor einer alten Scheune. Wendy stellt ihr Fahrrad ab. Sie versteckt sich im Gebüsch. Von hier beobachtet sie, wie Ellie in die Scheune geht.

Leise schleicht Wendy näher. Sie schaut durch das Fenster. In der Scheune steht ein Pferd! Es trägt eine Transportdecke und weiße Bandagen. Sein Schweif ist blond. Trotzdem ist Wendy sicher, dass das Pferd in der Scheune Bajan ist!

Wendy zieht ihr Handy aus der Tasche. Leise ruft sie bei Inspektor Krämer an. Sie erzählt ihm, was sie gesehen hat. Doch der Inspektor glaubt ihr nicht! Bei Herrn Hobel hat Wendy sich ja auch getäuscht ...

**Bandage:** Bandagen werden um die Pferdebeine gewickelt, um sie vor Verletzungen zu schützen.

Zufällig hört Bianca, wie ihr Vater mit
Wendy telefoniert. Sie bringt den Inspektor
dazu, doch zu der Scheune zu fahren.

Dort führt Ellie das braune Pferd gerade
in einen Transporter.

In diesem Augenblick tauchen ein paar
Polizeiautos auf! Das braune Pferd ist
wirklich Bajan. Und in der Scheune entdeckt
die Polizei auch den gestohlenen Midas.

Jerry ist sehr froh, dass er Bajan wiederhat. Aber warum hat er einen blonden Schweif?

Wendy erklärt: „So hat Ellie die Pferde verkleidet, damit niemand sie erkennt."

Jerry lacht. „Wie gut, dass du das gemerkt hast!", ruft er.

Da muss auch Wendy lachen. Zum Glück ist alles gut ausgegangen!

# Überleg mal!

1. Wie heißt die Besitzerin
   von Midas?

   R: Anna
   S: Maja
   T: Eva

2. Wer ist Bernd Hobel?

   O: ein Turniersprecher
   U: ein Polizist
   V: ein Reporter

3. Was hat Herr Hobel
   in seinem Pferdehänger?

   N: ein Pferd
   S: ein Pony
   T: einen Hund

4. Was kauft Ellie
   im Reitsportladen?

   E: eine Transport-
      Ausrüstung
   I: einen Reithelm
   O: eine Weste

5. Welche Verkleidung
   trägt Bajan?

   D: ein buntes Halfter
   F: eine falsche Mähne
   G: einen falschen Schweif

Trage die Lösungsbuchstaben hier ein.
Dann erfährst du, wie der Nachname
von Wendy lautet.

☐ H ☐ R ☐ T ☐ E ☐
1    2    3    4    5

# Liebe Eltern!

Lesekompetenz gehört zu den wichtigsten Grundlagen für den Schulerfolg und die Bildung von Kindern. Aber das Lesen soll auch Spaß machen! Mit ein paar einfachen Tipps können Sie die Motivation Ihres Kindes steigern und den Prozess des Lesenlernens Schritt für Schritt begleiten.

Die Wendy-Bücher für Erstleser helfen Ihnen dabei. Sie bieten spannende Geschichten zum Selberlesen, kindgerechte Erklärungen zu schwierigen Begriffen und unterhaltsame Leserätsel am Ende jeder Geschichte, mit denen Ihr Kind selbstständig sein Verständnis überprüfen kann.

## 10 Tipps und Tricks fürs Lesenlernen

### 1. Übung macht den Meister

Motivieren Sie Ihr Kind zum täglichen Lesen. Regelmäßiges Üben in kleinen Einheiten führt zum großen Lese-Erfolg!

### 2. Gemeinsame Rituale

Lassen Sie das gemeinsame Lesen zu einem kleinen Ritual werden, auf das sich das Kind besonders freut. Eine gemütliche Leseecke und eine Tasse Kakao verknüpfen den Lese-Erfolg mit einem Wohlgefühl.

### 3. Der gute Einstieg

Um den Einstieg zu erleichtern, beginnen Sie damit, die Geschichte vorzulesen. Nach dem ersten Abschnitt übernimmt das Kind. Indem es Ihnen zuhört, lernt es gleichzeitig die richtigen Betonungen.

## 4. Das richtige Tempo

Viele Kinder lesen zu schnell und lassen dabei Wörter aus. Achten Sie auf ein angemessenes Lesetempo und ermuntern Sie Ihr Kind zum konzentrierten Lesen und Vorlesen.

## 5. Immer mit Geduld

Das Lesenlernen geht oft in vielen kleinen Schritten voran. Fehler sind ganz normal. Nehmen Sie Ihrem Kind beim Vorlesen die richtige Lösung nicht vorweg, sondern lassen Sie ihm das Gefühl eigenständig etwas „geschafft" zu haben.

## 6. Lieber loben

Gerade am Anfang brauchen Kinder einen Ansporn, um weiterüben zu wollen. Ermahnungen schaden der Konzentration und Motivation. Eine kleine Belohnung wirkt oft Wunder.

## 7. Überall lesen

Lesen kann man überall. Und es müssen nicht immer Bücher sein. Bauen Sie das Lesen in Ihr tägliches Leben ein.

Ob Marmeladen-Etikett oder Straßenschild – motivieren Sie Ihr Kind zum spontanen Vorlesen!

## 8. Lesen und spielen

Verbinden Sie die Leseeinheiten mit kleinen Spielen: Lassen Sie Ihr Kind im Anschluss ein Lesezeichen zur Geschichte malen oder spinnen Sie gemeinsam die Geschichte aus dem Buch weiter.

## 9. Erstleser-Ecke

Schaffen Sie einen Platz im Regal, der ausschließlich den Büchern vorbehalten ist, die Ihr Kind selber gelesen hat. So hat das Kind seine Erfolge direkt vor Augen.

## 10. Lesen Sie selbst!

Gehen Sie als gutes Vorbild voran: Greifen Sie öfter zu Buch und Zeitung und zeigen Sie Ihrem Kind, wie viel Spaß auch Ihnen das Lesen macht.

# *Inhalt*